기적의 오케스트라
엘 시스테마

글쓴이 **강무홍**

1962년 경주에서 태어나 한국외국어대학교에서 영어를 공부했다.
현재 어린이책 전문기획실 햇살과나무꾼에서 주간으로 일하며 어린이책을 쓰고 있다.
그동안《천사들의 행진》《가진 것이 많을수록 나눌 것은 적습니다》《자유의 노래》
《까만 나라 노란 추장》《까불지 마》《새끼 표범》들을 썼고,《무슨 일이든 다 때가 있다》
《새벽》《괴물들이 사는 나라》《어린이책의 역사》들을 우리말로 옮겼다.

그린이 **장경혜**

1976년 서울에서 태어나 성신여자대학교 국어국문학과를 졸업하고
한겨레 일러스트레이션 학교(HILLS)에서 일러스트레이션을 공부했다.
그동안《둥근 해가 떴습니다》《우리 동네 미자씨》《지렁이 울음소리를 들어 봐》
《똥배보배》《이야기 대장 짱뚱이》들에 그림을 그렸다.

"그래도 세상이 살 만한 곳이라고 믿음을 갖게 해 준 좋은 사람을 만나고
그 사람의 인생을 그림으로 그릴 수 있어서 잠시나마 행복했습니다."

기적의 오케스트라 엘 시스테마

1판 1쇄 발행 2016년 6월 1일 • 1판 6쇄 발행 2023년 1월 25일
글쓴이 강무홍 • 그린이 장경혜 • 펴낸이 조재은 • 편집부 김연희 임중혁 이정우
표지 및 본문 디자인 하늘·민 • 디자인 육수정 • 마케팅 조희정 • 관리 정영주
펴낸곳 (주)양철북출판사 • 등록 제25100-2002-380호(2001년 11월 21일)
주소 서울시 영등포구 양산로91 리드원센터 1303호
전화 02-335-6407 • 팩스 0505-335-6408 • ISBN 978-89-6372-204-7 77990 • 값 12,000원

© 강무홍·장경혜

이 책은 한국문화예술위원회의 후원을 받아 2012년 토지문화관에서 집필한 작품입니다.
잘못된 책은 바꾸어 드립니다.

어린이제품 안전특별법에 의한 기타표시사항
품명 아동 도서 • 제조자명 (주)양철북출판사 • 제조국명 대한민국 • 사용연령 8세 이상

기적의 오케스트라
엘 시스테마

강무홍 글 | 장경혜 그림

양철북

낡은 판잣집이 늘어선 거리에서 경찰이 소년을 쫓아가며 소리쳤습니다.
"거기 서!"
소년은 마약을 인형 속에 감추어 팔고 있었지요.
소년은 숨을 헐떡이며 온 힘을 다해 달아났습니다.
그러나 경찰과의 거리는 점점 좁혀졌습니다.
"쥐새끼 같은 놈!"
결국 소년은 경찰에 잡혀 온몸이 피투성이가 되도록
얻어맞았습니다.
그러나 소년에게는 걱정해 줄 사람도, 함께 용서를
빌어 줄 사람도 없었습니다.
소년은 끔찍하게 두들겨 맞고 소년원으로 끌려갔습니다.

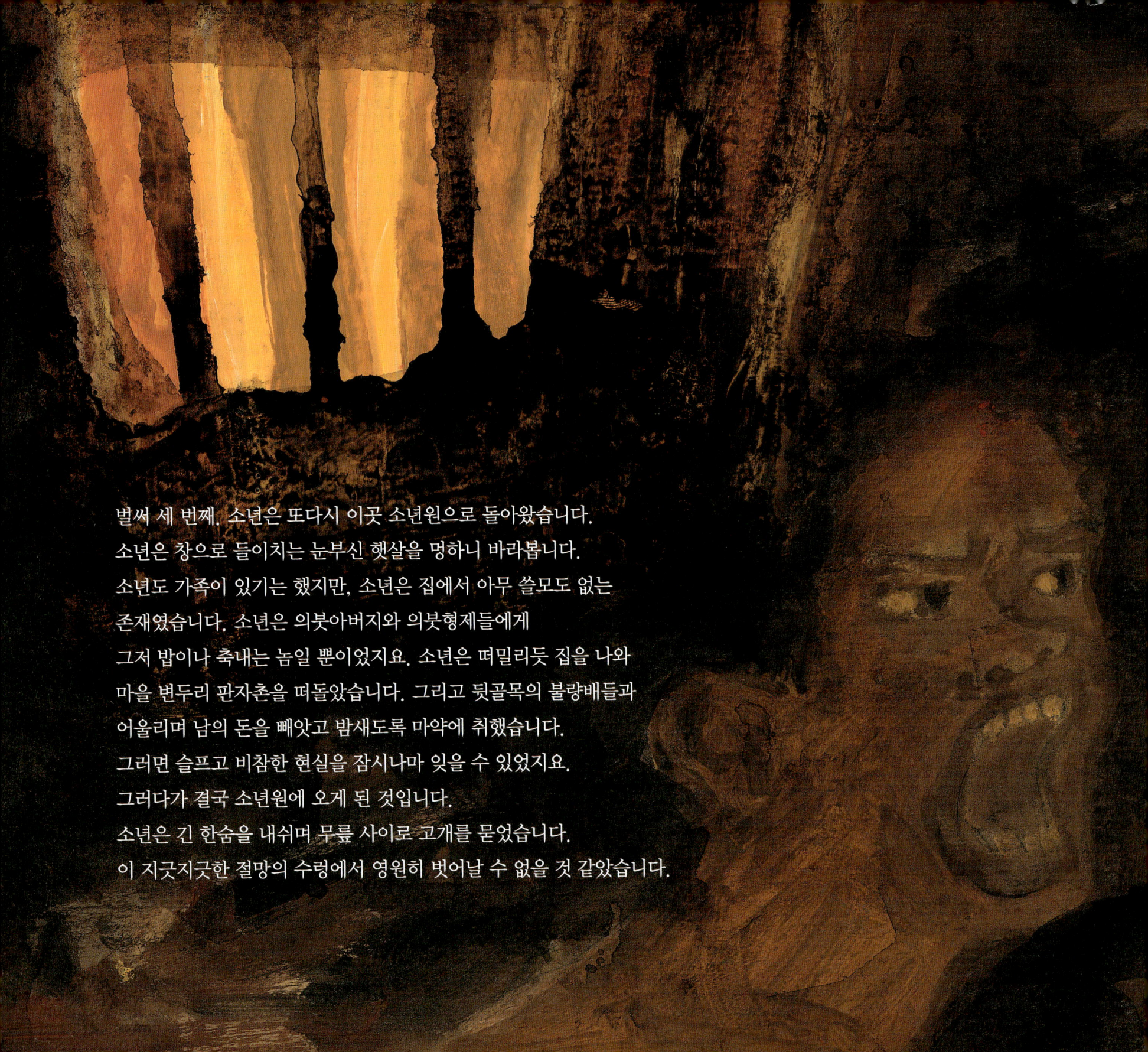

벌써 세 번째. 소년은 또다시 이곳 소년원으로 돌아왔습니다.
소년은 창으로 들이치는 눈부신 햇살을 멍하니 바라봅니다.
소년도 가족이 있기는 했지만, 소년은 집에서 아무 쓸모도 없는
존재였습니다. 소년은 의붓아버지와 의붓형제들에게
그저 밥이나 축내는 놈일 뿐이었지요. 소년은 떠밀리듯 집을 나와
마을 변두리 판자촌을 떠돌았습니다. 그리고 뒷골목의 불량배들과
어울리며 남의 돈을 빼앗고 밤새도록 마약에 취했습니다.
그러면 슬프고 비참한 현실을 잠시나마 잊을 수 있었지요.
그러다가 결국 소년원에 오게 된 것입니다.
소년은 긴 한숨을 내쉬며 무릎 사이로 고개를 묻었습니다.
이 지긋지긋한 절망의 수렁에서 영원히 벗어날 수 없을 것 같았습니다.

어느 날, 높은 담과 철창으로 둘러쳐진 그곳에 엘 시스테마의 젊은 연주자들이
찾아왔습니다. 그리고 오케스트라를 만든다며 바이올린과 첼로,
오보에와 트럼펫 등을 연주했습니다.
그 소리는 갑갑한 소년원의 공기를 단숨에 날려 버리는 것 같았지요.
청년들은 아이들에게 마음에 드는 악기를 하나씩 고르라고 했습니다.
아이들이 앞다투어 악기를 차지하자, 소년은 마지막으로 남은 클라리넷을
바라보았습니다. 소년은 클라리넷을 조심스레 만져 보고 가만히 입에 대고
불어 보았습니다. 하지만 후우 하고 바람 빠지는 소리밖에 나지 않았지요.
청년이 클라리넷을 불자 '보~ 보앙~ 보옹~' 하는 소리가 났습니다.
마치 어린 날 "우리 아들, 사랑스러운 우리 아들!" 하고 안아 주던
엄마 목소리처럼 포근하고 따뜻했지요.
"너도 오케스트라에 들어와 열심히 연습하면, 이런 소리를 낼 수 있을 거야."
청년이 소년에게 클라리넷을 건네자 소년은 가만히 클라리넷을 안았습니다.
태어나서 처음 가져 보는 소년의 것, 클라리넷. 소년은 그렇게 엘 시스테마와
만났습니다.

폭력과 마약에 찌든 아이들에게 총 대신 악기를 쥐여 주고
절망을 희망으로 바꾸어 준 '엘 시스테마'라는 아름다운 혁명은,
오직 음악을 사랑하고 인간의 아름다운 본성을 믿은 한 사람에게서 시작되었습니다.
그의 이름은 호세 아브레우. 그는 아무리 고통받는 사람이라도
음악에 눈을 뜨면 인간다운 삶을 누릴 수 있다고 믿었습니다. 그리고 세계의
소외된 어린이, 청소년들과 함께 꿈을 찾는 대항해에 나섰습니다.

1975년 2월, 베네수엘라의 돈보스코 성당에 아침부터 악기 가방을 든
젊은이들이 하나둘 모여들었습니다. 음악에 열정이 있는 젊은이라면 누구든
단원이 될 수 있다는 이야기를 듣고, 이제 막 만들어지는 후안 호세 란다에타
국립 청소년 오케스트라의 오디션을 보러 온 것입니다.
카페에서 전자 기타를 연주하는 청년도 그 가운데 한 사람이었습니다.
누구보다 바이올린을 사랑했지만, 바이올린으로는 밥벌이를 할 수 없어 포기했었지요.
청년의 연주는 그다지 뛰어나지 않았지만, 그가 얼마나 바이올린과 음악을
사랑하는지 느껴졌습니다. 덕분에 청년은 청소년 오케스트라의 창립 단원이
될 수 있었습니다.

호세 아브레우는 첫 오디션에서 뽑은 여덟 명의 단원들에게 자신의 꿈과 오케스트라의 앞날을 이야기했습니다.

"우린 지금부터 음악을 만나지 못한 사람들에게 음악의 아름다움을 알려 주고, 우리의 음악으로 세상을 바꿀 거야. 우리 연주회가 성공하면, 장학금을 받으며 계속 연주할 수 있겠지. 그러면 베네수엘라의 모든 아이들에게 우리의 음악을 들려주고 그 아이들도 악기를 연주할 수 있게 해 주자."

형편이 어려워 음악을 포기했던 청년들은 조심스러운 눈초리로 아브레우를 보았습니다. 과연 이 풋내기 오케스트라가 성공할 수 있을까? 연주회를 열 수나 있을까? 그러나 아무 데서도 받아 주지 않던 자신들을 받아 준 오케스트라였기에, 그들은 아브레우와 함께하기로 했습니다.

'엘 시스테마'라는 음악 혁명은 이렇게 작은 오케스트라에서 시작되었습니다.

그러나 이제 막 태어난 청소년 오케스트라는 연습장을 빌릴 돈도,
도와줄 후원자도 없었습니다. 그들은 연습실 대신 성당이나 공장 창고,
자동차 차고를 떠돌며 연습해야 했지요.
단원들은 오직 연습만으로 한계를 뛰어넘을 수 있다는 믿음으로 연습에 매달렸습니다.
팔이 덜덜 떨리고, 손가락의 지문이 닳아 없어지고, 더러는 손에서 피가 나기도 했지요.
그러나 연습실의 불빛은 밤이 깊도록 꺼질 줄 몰랐습니다.
"악기를 네 몸과 같이 여겨. 그리고 음악을 즐기렴."
아브레우는 음악에 자신의 마음을 싣고 느낌을 표현하라고 가르쳤습니다.
단원들은 자신들의 악기가 내는 소리에 귀 기울이고, 그 악기들이 아름다운
하모니를 빚어낼 수 있도록 피나는 연습을 거듭했습니다.
아브레우는 단원들에게 희망과 자긍심도 일깨워 주었습니다.
"너희는 베네수엘라 어린이·청소년 오케스트라의 창단 단원들이야. 너희는
개척자들이지. 수많은 베네수엘라 아이의 꿈과 미래가 너희에게 달려 있단다."
그러면 연습으로 지친 단원들의 가슴에 아름다운 꿈이 일렁거렸습니다.
그들은 꿈의 힘을 믿고 앞으로, 앞으로 나아갔습니다.

그해 노동절 전날, 마침내 후안 호세 란다에타 국립 청소년 오케스트라는
외무부 홀에서 첫 연주회를 열었습니다. 열심히 연습한 첫 연주를,
묵묵히 땀 흘려 일하며 정직하게 살아가는 노동자들에게 바치기 위해서였습니다.
객석이 어둠에 덮이고, 무대 위에서 수수한 옷차림의 젊은 단원들이
비발디의 〈바이올린과 첼로를 위한 협주곡〉을 열정적인 몸짓으로 연주하기 시작했습니다.
마치 인생에 드리운 검은 그림자를 날려 보내는 듯한 그 몸짓과 소리에는
베네수엘라 사람들의 건강하고 쾌활한 음악성이 묻어 있었지요.
어느덧 청중들은 오케스트라의 연주에 맞추어 자기도 모르게 고개를 끄덕이고
어깨를 들썩였습니다.
마지막으로 베네수엘라 국가가 연주되자 청중들은 뜨거운 박수를 보냈습니다.
땀에 흠뻑 젖은 단원들도 악기를 흔들어 대며 연주회의 성공을 기뻐했습니다.
여느 클래식 공연장에서 볼 수 없는 열정적인 음악이 탄생하는 순간이었습니다.

첫 공연의 성공 덕분에 후안 호세 란다에타 국립 청소년 오케스트라는
장학금을 받으며 연주할 수 있게 되었습니다. 단원의 수도 점점 늘어나
제대로 된 오케스트라의 꼴을 갖추어 나갔지요.
역경을 딛고 자신들만의 음악 세계를 일궈 낸 오케스트라의 이야기가 알려지자
콜롬비아, 멕시코, 스코틀랜드 등에서도 이들을 초청했습니다.
이제 막 첫발을 뗀 청소년 오케스트라는 최고의 연주를 들려주기 위해
한 달 동안 아무도 없는 산속에서 이른 아침부터 밤까지 연습에만 매달렸습니다.
그들은 바흐와 차이콥스키, 모차르트의 곡들에 도전했고, 같은 소절을 수없이 반복하며
손발을 맞추었습니다. 수많은 악기가 한 악기처럼 소리를 뿜어내려면,
서로의 연주 속도와 소리의 크기뿐 아니라 눈빛과 숨소리까지 일치해야 하니까요.
단원들은 한계를 뛰어넘은 거듭된 연습 속에서 맑고 절제된 소리를 얻었고,
잇따른 해외 공연에서 음표와 음표 사이의 세계까지도 표현하는
섬세하면서도 힘찬 연주로 사람들의 마음을 사로잡았습니다.

어느 날, 해외 공연 도중에 갑자기 무대의 조명이 꺼졌습니다. 전기 사고로
무대와 객석이 칠흑 같은 어둠에 덮인 것이지요. 객석이 술렁였습니다.
그날 공연은 불가능할 것 같았습니다. 그 어둠 속에서는
악보도, 지휘자의 손짓도 보이지 않으니까요.
그러나 오케스트라 단원들은 누구 하나 흐트러지지 않았습니다.
모두가 공연이 중단될 것이라고 여긴 순간, 무대에서 음악이
흘러나왔습니다. 그 음악은 어둠 속에서 연주되는 음악이라고
믿어지지 않을 만큼 한 치의 흐트러짐도 없이 완벽했습니다.
오직 서로를 믿고 마치 한 사람처럼 호흡을 맞추어 온 오케스트라만이
할 수 있는 연주였지요.
인생의 역경을 딛고 나아가듯 어둠 속에서 들려오는 오케스트라의
연주에 청중들은 숨을 죽이고 귀를 기울였습니다. 캄캄한 어둠 속의
음악은 사람들의 가슴을 파고들고 영혼을 울렸습니다.

해외 공연이 잇따라 성공하자 아브레우와 청소년 오케스트라는
자신들이 받은 것을 다시 세상에 돌려주었습니다. 가난해서 음악을 배울 수 없는 아이들,
마약에 찌들어 거리를 떠도는 아이들, 남의 것을 빼앗으려고 총을 든 아이들에게
악기를 주고 가르치는 '엘 시스테마' 음악 교육 운동을 본격적으로 펼친 것입니다.
아브레우는 사람이라면 누구나 아름다운 것을 느끼는 마음이 있고 음악을 통해
그것을 일깨울 수 있다고 믿었습니다. 그는 클래식 음악이 정식 음악 교육을 받은
사람들만 누리는 특권이라고 생각하지 않았습니다. 오케스트라에서는 수십 개의 다른
악기가 모여 하나의 음악을 연주합니다. 아브레우는 저마다 개성이 다른 아이들이
마음에 드는 악기를 골라 열심히 연습한다면 누구나 악기를 다룰 수 있고,
희망을 꿈꿀 수 있다고 생각했습니다. 그리고 그 악기들이 하나로 모이면
아름다운 음악을 빚어낼 수 있다고 생각했습니다.
그렇게 간절한 음악, 자신의 마음을 치유하는 음악 속에서 내가 바뀌고,
우리 가족이 바뀌고, 세상이 바뀌어 나갈 것이라고 믿었습니다.

엘 시스테마는 학교에서 손가락질당하고 따돌림당하던 아이,
배고픈 동생들을 위해 빵을 구걸하던 아이, 거리에서 마약을 팔던 아이,
집안일을 도맡아 하며 노동에 지친 아이에게 악기를 주었습니다.
아이들에게 악기는 자기 자신과 같았습니다. 악기는 말로 할 수 없던
마음을 대신해 주는 것 같았지요.
"좋은 소리를 내려면, 힘든 것을 참고 이겨 내야 해요."
열심히 연습해서 좋은 소리를 내면, 그것이 내 마음의 목소리가 되어 울려 퍼집니다.
가난 때문에 아무것도 할 수 없었던 아이들은 이제 힘들어도 포기하지 않습니다.
힘든 것을 참고 열심히 연습하면, 악기는 연습한 만큼 아름다운 소리를 낼 테니까요.
아무 희망도 없이 가난과 폭력의 늪에서 허우적대던 아이들에게
악기는 희망이 되었습니다.

엘 시스테마의 선생님은 말합니다.
"네 악기의 소리를 잘 들어 보렴. 다른 악기 소리와 함께 어우러지는 소리를."
경찰에게 매를 맞고 소년원에 끌려가던 소년, 퀭한 눈으로 가난한 마을 뒷골목을
서성이던 아이들이 진지한 눈빛으로 선생님의 이야기에 귀를 기울입니다.

오케스트라의 모든 악기가 모여 소리를 맞추어 보던 날, 아이들은 가슴이 벅찼습니다.
여러 친구들이 내는 악기의 소리가 하나로 합쳐져 아름다운 음악이 되는 순간,
마치 천국이 열리는 것 같았지요.
처음 느껴 보는 기분 좋은 소리,
아이들의 인생에 깊게 드리운 어두운 그림자를 걷어 내는 소리,
상처받은 마음을 어루만져 주는 그 맑은 영혼의 소리는
아이들이 간절히 원하던 평화와 행복의 소리이며 음악이었습니다.
그것은 서로 총칼을 들이대고 다투는 마음이 아니라 여럿이 한마음이 되어 내는 소리,
자신의 연주 솜씨를 뽐내는 마음이 아니라 친구의 악기 소리에 귀 기울이고
함께 어우러지려는 마음으로 내는 소리였습니다.

한국을 비롯한 수많은 나라의 도시와 시골에서, 바닷가 마을과
해발 4200미터의 산꼭대기에서 오케스트라가 만들어지고 음악이 연주되었습니다.
1986년, 엘 시스테마를 대표하는 시몬 볼리바르 국립 청소년 오케스트라*는
프랑스 몽펠리에 페스티벌에서 새로운 도전에 나섰습니다. 세계의 젊은 음악가들이
모여든 이 페스티벌에서, 대담하게도 야외무대에서 공연하기로 한 것입니다.
야외무대는 서로의 연주가 완벽하게 일치되지 않으면 소리가 흩어져 버려
세계적인 오케스트라도 쉽게 공연하지 못하는 장소입니다.
그런데 이 어린 청소년 오케스트라가 그 일을 하겠다고 한 것입니다.
공연이 시작될 즈음 엘 시스테마의 도전을 비웃기라도 하듯 세찬 비바람이 몰아쳤습니다.
단원들은 행여 악기가 젖을세라 악기를 끌어안았습니다.
'과연 이 비바람을 뚫고 우리의 연주가 퍼져 나갈까?'
단원들은 눈빛을 주고받으며 마음을 다잡았습니다.
'오직 음악만 생각하자. 연습했던 대로만 하면 돼.'
연주가 시작되자 단원들의 열정과 꿈을 실은 연주는 비바람을 뚫고 퍼져 나갔습니다.
"브라보!"
연주가 끝나자 청중들은 천둥 같은 박수와 환호로 화답했습니다. 그 순수한 소리가
빚어낸 감격에 젖어 비를 맞으면서도 밤이 깊도록 자리를 떠날 줄 몰랐습니다.

*후안 호세 란다에타 국립 청소년 오케스트라의 후신

오늘은 엘 시스테마의 35주년 기념 공연 날입니다.
공연장 앞에는 옷을 말끔하게 차려입은 신사 숙녀들이 하나둘씩
모여들었습니다. 베네수엘라의 높은 관리들도 모여들었죠.
오늘 공연의 지휘자는 세계적인 지휘자 두다멜입니다.
가난한 집안에서 태어나 엘 시스테마에서 음악을 배운 두다멜은 젊은 나이에
세계의 내로라하는 지휘자들도 하기 힘들다는 베를린 필하모닉 오케스트라를 지휘했고,
불과 스물여덟 살에 로스앤젤레스 필하모닉 오케스트라의 수석 지휘자가 되었습니다.
두다멜은 베네수엘라의 자랑이자 엘 시스테마의 자랑이었지요.
두다멜의 열정적인 지휘로 음악이 시작되었습니다.
온 몸과 마음을 실어 지휘하는 두다멜의 몸짓, 혼을 두드려 깨우는 듯한 그 몸짓은
바로 엘 시스테마에서 음악을 배운 사람의 몸짓이었습니다.
청중들은 함께 몸을 흔들며 오케스트라와 하나가 되었습니다.
마침내 연주가 끝나자 공연장은 박수갈채로 떠나갈 듯했습니다.
그 열광적인 환호와 박수 속에서 세계적인 거장 두다멜은 객석으로 내려가
작은 노인을 일으켜 세웠습니다. 그리고 손을 잡고 함께 무대로 올라왔지요.
바로 기적의 오케스트라 엘 시스테마의 아버지, 호세 아브레우입니다.

맨 처음 몇 안 되는 단원으로 엘 시스테마를 시작했던 그때부터 몇십 년이 흐른 지금까지
수많은 단원을 배출하고 외롭고 가난한 어린이와 청소년을 음악으로 이끌었던 분.
베네수엘라의 모든 어린이에게 한 가지씩 악기를 연주할 수 있게 한 분.
중년이던 아브레우는 어느덧 노인이 되었지만, 고통받는 어린이들이 있는 곳이라면
세계 어디든 달려가 엘 시스테마 운동을 펼치고 있습니다.
그리고 이렇게 음악으로 다시 태어난 엘 시스테마 단원들은 또 다른 엘 시스테마를 만들어,
자신이 받은 것을 세계의 어린 세대에게 다시 베풀고 있습니다.
세계적인 지휘자 두다멜도 엘 시스테마에서 배웠기에 다시 엘 시스테마에서
가르치고 있지요.
사람들은 무대 위로 올라온 아브레우에게 깊은 존경과 사랑이 담긴
박수로 고마움을 전했습니다.

엘 시스테마에는 아주 어린 아이들을 위한 오케스트라도 있습니다.
세 살에서 다섯 살까지의 아이들로 이루어진 꼬마 오케스트라는 악기 대신
입으로 연주를 합니다. 열심히 연습한 것을 엄마, 아빠 앞에서 공연도 하지요.
지휘자 선생님의 손짓에 따라 모두 입을 크게 벌리고 목청껏 노래합니다.
"창문에 빗방울이 타타타타,
싸악싸악 씻어 내요.
타타타타 싸악싸악, 타타타타 싸악싸악!"

아이들이 씩씩하게 춤을 추며 노래하면, 객석에서 지켜보는 엄마, 아빠 얼굴에
환한 웃음이 번집니다. 아이들은 그 따뜻한 웃음에 말할 수 없이 기쁘고 행복합니다.
음악 안에서 가족은 하나가 되고, 새롭게 내일을 살아갈 힘을 얻습니다.

엘 시스테마는 소리가 들리지 않는 아이들마저 음악의 세계로 이끌었습니다.
눈이 보이지 않는 아이, 귀가 들리지 않는 아이, 몸이 자유롭지 않은 아이들과
자폐 아이들이 한데 어우러지는 '하얀손' 수화 합창단을 만든 것입니다.
이 합창단을 만들려고 할 때, 세상 사람들은 모두 고개를 저었지요.
제아무리 기적의 오케스트라 엘 시스테마라도 할 수 없는 일이라고 했습니다.
"음악이 들려야 음악을 할 수 있죠. 듣지도 못하고 말도 못하는 애들을 데리고
무슨 오케스트라예요?"
그러나 장애인 학교 선생님들과 아이들은 이 불가능에 도전했고,
아브레우와 엘 시스테마는 그 도전을 조용히 응원했습니다. 귀가 들리지 않아도
음악의 아름다움을 느끼게 하고 그 즐거움을 누리게 하고 싶었기 때문입니다.

하얀손 수화 합창단이 세상에 첫선을 보이던 날, 사람들은 숨을 죽이고 무대를
지켜보았습니다. 눈이 보이지 않는 아이와 몸을 움직일 수 없는 아이, 자폐 아이,
귀가 들리지 않는 아이가 하나둘씩 무대로 들어왔습니다.
그리고 눈이 보이지 않는 아이들과 자폐 아이들이
지휘자의 신호에 맞추어 고운 목소리로 〈아베 마리아〉를 불렀습니다.
볼 수도, 마음대로 움직일 수도 없지만 소리를 낼 수 있는 아이들이
부르는 노래였습니다. 그에 맞추어 귀가 들리지 않는 아이들이
하얀 장갑을 낀 손을 들어 손짓으로 노래를 했습니다.
그 맑고 고요한 노래와 아름다운 몸짓이 허공에 퍼지자,
말로 표현할 수 없는 평화가 모두의 가슴에 고요히 깃들었습니다.
사람들의 눈에서 하염없이 눈물이 흘러내렸습니다.
하얀손 수화 합창단 아이들은 말합니다.
"어떤 노래에선 손이 날갯짓을 해요. 〈아베 마리아〉가 그래요."
들리지 않는 귀로, 보이지 않는 눈으로, 불편한 몸으로
음악의 아름다움을 알려 주는 엘 시스테마의 하얀손 수화 합창단.
세상의 편견과 장벽을 넘어 음악으로 하나 되는 세상을 만들어 가는
그들의 항해 속에 인류의 아름다운 꿈이 물결치고 있습니다.

베네수엘라 산골 마을에 사는 소녀는 오늘도 먼 길을 걸어
오케스트라로 연습을 하러 간다.
손을 떼면 사라지는 음악,
다시 악기를 쥐고 연주하면 자신과 친구들 속으로 찾아오는
그 아름다운 소리를 내기 위해,
소녀는 오케스트라로 오가는 길 내내 친구들과 소리를 맞추어 본다.
그 속에서 소녀는 음악을 배우고, 인생을 배우고, 세상을 배우며 커 나갈 것이다.
날마다 음악과 함께 있는 행복과 평화 속에서.

가난한 어린이와 청소년에게 꿈을 선물한
호세 아브레우와 엘 시스테마

석유 강국에 드리운 그림자

세계적인 석유 매장국인 베네수엘라는 1970년대 초, 세계 석유 가격이 치솟으면서 엄청난 돈을 벌어들였다. 그러나 이 막대한 부를 몇몇 자본가와 관료와 외국 자본들만 독차지했을 뿐, 대부분의 국민들은 가난에서 벗어나지 못했다. 게다가 석유로 벌어들인 돈으로 농산물을 수입해서 국내 농업이 붕괴되었고, 이 때문에 살 길이 막막해진 사람들이 농촌을 떠나 도시로 몰려들었다. 이에 따라 수도 카라카스 서쪽에는 가파른 산비탈을 따라 빈민촌이 생겨났다. 부자들이 모여 사는 카라카스 동쪽과 대조적으로, 유리창도 없는 허름한 건물들이 빽빽이 들어선 이곳 빈민촌에는 수도와 전기도 제대로 들어오지 않았다. 사람들은 대부분 행상이나 날품팔이 등으로 하루하루 근근이 살아갔고, 아이들은 아무런 보호도 받지 못한 채 거리에서 마약을 사고팔거나 소매치기와 도둑질을 일삼았다. 앞날이 창창한 청소년들이 툭하면 주먹 다툼을 벌이거나 거리에서 총격전을 벌이다가 피를 흘리며 죽어 갔다.

음악가이자 경제학자였으며 베네수엘라 문화부 장관을 지내기도 했던 호세 아브레우는 어떻게 하면 이 아이들이 가난과 절망의 늪에서 빠져나와 사람답게 살 수 있을지 고민했다. 그리고 거리의 아이들에게 먹을 것과 입을 것보다 '미래에 대한 희망'이 더 필요하다고 보았다.

❶ 호세 아브레우(José Antonio Abreu, 1939~)
아브레우는 "음악이 없었다면, 인생은 견디기 어려운 사막과 같았을 것"이라며, 음악이 역경을 희망으로 바꾼다고 했다.
"음악은 어린이가 자기 삶에서 무엇인가를 성취할 수 있도록 돕는다. 나는 어린이들이 무엇이든 자기가 하고 싶은 바로 그 일을 하기 바란다. 그러나 어떤 일을 하든 오직 음악과 예술만이 줄 수 있는 인간적인 면을 간직하기 바란다."

❷ 아브레우의 외할아버지가 창단한 음악 밴드
음악을 사랑했던 아브레우의 외할아버지와 외할머니는 이탈리아에서 베네수엘라로 이민 올 때 밴드용 악기를 배에 싣고 왔다. 그리고 마을 아이들 46명을 모아 밴드를 만들어, 노새가 끄는 수레에 태우고 안데스 산맥의 모든 마을에 공연을 다녔다고 한다. 이 밴드는 훗날 '몬테 카르멜로 교향악 밴드'가 되었다.

음악으로 빛을 비추다

호세 아브레우는 1939년 베네수엘라 트루히요 주에서 아브레우-안셀미 집안의 첫째 아이로 태어났다. 오페라를 좋아했던 외할머니는 어린 아브레우에게 곧잘 노래를 불러 주었고, 어머니는 집에 이웃들을 초대하여 피아노를 치고 함께 노래 부르기를 즐겼다. 그 덕분에 아브레우는 어린 시절부터 오케스트라 단원으로 활동하면서 이웃과 함께 음악을 나누었다.

어른이 되어 경제학자가 된 뒤에도 아브레우는 베네수엘라 심포니 오케스트라의 객원 지휘자로 활동하며 피아노와 클라비코드 연주회를 열곤 했다. 늘 음악과 함께하면서 음악의 힘을 알고 있었던 그는 음악 교육이 아이들의 피폐한 마음을 어루만지고 삶에 대한 희망을 불어넣을 수 있는 근본적인 해결책이 될 수 있으리라고 보았다. 음악을 통해 꿈을 심어 주면, 악기를 배우며 아이들 스스로 꿈을 이루기 위해 노력할 것이라고 생각했다. 게다가 당시 베네수엘라에서는 새로운 문화 정책으로 문화 예술 그룹과 단체들이 잇따라 등장하고, 합창단이나 밴드, 음악 학교, 극장 등이 활발하게 만들어지고 있었다. 그는 이러한 사회 분위기에 힘입어 음악을 연주하며 사회를 변화시켜 갈 오케스트라를 만들기로 결심했다. 그리고 자기 돈으로 악기를 사고 먼저 8명의 단원들을 뽑아 마침내 후안 호세 란다에타 국립 청소년 오케스트라를 시작했다. 베네수엘라의 모든 청소년

❸ 음악을 사랑하는 베네수엘라 사람들
'작은 베네치아'라는 뜻의 베네수엘라는 남아메리카 대륙의 관문인 카리브 해에 위치한 나라로, 베네수엘라 인들은 아주 개방적이며 강렬한 햇빛 아래서 음악을 즐긴다. 차를 마시거나 쉴 때도 음악을 듣고, 아무리 가난해도 음악을 들을 수 있는 라디오나 오디오가 있다. 주말이면 이웃들과 음식을 나누어 먹으며 춤과 음악과 이야기를 나눈다. 거리에서 시위를 할 때도 춤추고 노래한다.

❹ 엘 시스테마 창단 단원들
클래식 음악이 부유층의 고상한 취미 정도로 여겨지던 시절, 8명의 창단 단원들은 차고와 공장 창고 등을 전전하며 아브레우와 함께 엘 시스테마의 길을 닦았다. 누군가는 "시몬 볼리바르 청소년 오케스트라에게 쏟아진 모든 찬사와 지난 30년의 눈부신 역사 뒤에는 수천 시간의 연습과 수업, 시험, 그보다 더 많은 훈련이 있었다."고 이야기했다. 연습이 끝나면, 단원들은 아브레우와 함께 레오나르도 다 빈치의 그림과 모차르트 교향곡을 비교하는 등 예술과 철학과 인생에 대해 토론했다. 고된 연습으로 녹초가 된 가운데서도, 모두가 이 시간을 즐겁게 기다렸다고 한다.

들에게 총과 마약 대신 '악기'를 들게 하겠다는 엘 시스테마(El Sistema. 스페인 어로 '시스템'이라는 뜻으로, 베네수엘라의 가난한 아이들을 위한 무상 음악 교육 프로그램을 가리킨다.) 운동이 닻을 올린 것이다.

엘 시스테마 오케스트라의 탄생

베네수엘라 인들은 "음악이 없으면 일상적 삶도 없다."고 할 만큼 전통적으로 음악을 사랑했다. 엘 시스테마 오케스트라 창단 단원들 가운데는 경제적 어려움 때문에 음악을 중단하여 실력이 부족한 단원들도 있었지만, 그들의 몸속에는 춤과 음악을 사랑하는 베네수엘라 인의 피가 흐르고 있었다. 아브레우는 그 열정과 힘을 믿고 피나는 연습으로 그들의 연주 실력을 키워 주었다. 어려운 소절은 정확한 소리가 날 때까지 몇 번이고 다시 연습하게 했고, 고된 연습에 단원들이 지친 모습을 보이면 오직 연습을 통해서만 한계를 뛰어넘어 새 힘을 얻을 수 있다면서 단호하게 몰아붙였다. 그리고 오케스트라의 모든 악기가 조화를 이루어 가장 아름다운 소리를 내도록 서로에게 주의를 기울이며 같은 소절을 끝없이 반복해서 연습하게 했다.

창단하고 불과 두 달 뒤인 1975년 4월 30일, 세계 노동자의 날을 하루 앞두고, 그들은 노동자들에게 자신들의 첫 연주를 바치기 위해 외무부 홀에서 연주회를 열었다. 비발디와 모차르트,

❺ 시몬 볼리바르
스페인으로부터 남아메리카 대륙을 해방시킨 독립 영웅으로, 남아메리카가 하나가 되어 발전하는 공동체를 꿈꾸었다. 남아메리카 대륙에서는 도시뿐 아니라 시골 마을에 이르기까지 어디서나 시몬 볼리바르의 동상을 볼 수 있다. 엘 시스테마를 대표하는 오케스트라도 이 영웅의 이름을 따서 '시몬 볼리바르 청소년 오케스트라'로 지었다.

❻ 시몬 볼리바르 청소년 오케스트라
엘 시스테마를 대표하는 오케스트라. 처음에 8명의 단원으로 시작한 후안 호세 란다에타 국립 청소년 오케스트라는 단원이 점점 늘어났고, 1978년 시몬 볼리바르 청소년 오케스트라로 이름이 바뀌었다. 1975년 창단 때부터 엘 시스테마의 중심 오케스트라로 활약해 왔으며, 세계적인 지휘자 구스타보 두다멜 등 인재를 길러 냈다. 그들만의 소리와 스타일이 담긴 연주로 유럽 작곡가들의 곡뿐 아니라 베네수엘라의 음악도 세계에 알려 나갔다. 거칠고, 대담하고, 생기 있고, 활력 넘치는 연주를 선보이며, 저마다의 개성을 살려 하나로 모아 낸 풍부한 소리와 흥겨운 리듬감으로 세계인의 마음을 사로잡았다.

바흐의 음악이 마치 카리브 해의 작열하는 태양을 연상시키듯 거칠고 대담하게 울려 퍼지자 공연장은 열기로 가득 찼다. 그 음악 속에는 오직 베네수엘라 인들만이 느낄 수 있는 그들 특유의 음악적 흥겨움, 강렬한 햇빛과 풍부한 색채 속에 잉태된 개성이 진하게 배어 있었다. 마지막에 베네수엘라 국가가 연주되자 사람들은 여느 클래식 공연장의 근엄한 분위기와 달리 함께 춤을 추고 노래를 따라 부르며 음악으로 하나가 되었다.

이 성공에 힘입어 엘 시스테마 오케스트라는 지원금을 받을 수 있었고, 덕분에 연주 활동을 하면서 베네수엘라 어린이와 청소년들에게 음악을 가르칠 수 있게 되었다. 가난과 마약에 찌든 수많은 아이들에게 '미래를 선물한 것'이다. 음악을 통해 아이들에게 꿈을 찾아 주려는 이 오케스트라의 명성은 베네수엘라뿐 아니라 외국에도 전해져 콜롬비아, 멕시코, 영국, 이탈리아 등 세계 곳곳에서 초청 연주회를 제안했다. 그들은 이 새로운 도전 앞에서 모든 것을 쏟아부었다. 해외 공연을 앞두고, 엘 시스테마 오케스트라는 아무도 없는 산에서 스스로를 고립시킨 채 치열하게 연습에 매달렸다. 덕분에 그들은 콜롬비아 국제 페스티벌에서 큰 성공을 거두었고, 세계적인 스코틀랜드 애버딘 축제에 9개국 청소년 오케스트라와 함께 참여해 달라는 초청장도 받았다. 아브레우는 오케스트라가 자신을 뛰어넘을 만큼 성장했다고 보고, 음악적 깊이를 더하기 위해 멕시코의 작곡

❼ 엘 시스테마를 지지하는 세계의 거장들

엘 시스테마는 세계적인 음악가들의 뜨거운 지지를 받았다. 베를린 필하모닉의 수석 지휘자인 사이먼 래틀(사진 ❼)은 "지금 음악계에서 베네수엘라에서 일어나는 일보다 더 중요한 일은 없다. …… 여기서 나는 세계 음악의 미래를 보았다."며 전 세계에 베네수엘라 어린이·청소년 오케스트라를 알리는 일에 앞장섰다. 세계적인 지휘자 클라우디오 아바도도 세계 어디에든 엘 시스테마가 알려질 수 있도록 가능한 모든 방법으로 아브레우와 엘 시스테마를 도와줘야 한다고 호소했다.

이 밖에도 므스티슬라프 로스트로포비치(첼리스트), 플라시도 도밍고(오페라 가수), 핀커스 주커만(지휘) 같은 세계적 거장들도 엘 시스테마의 어린이·청소년 오케스트라와 함께하며 세계적으로 발돋움할 수 있도록 도와주었다.

❽ 누클레오(nucleo)

베네수엘라의 지역 음악 교육 센터. 221개의 누클레오에서 6천 명의 음악 교사들이 약 30만 명의 학생들을 가르치고 있다(2010년 기준). 음악 입문 단계의 유아들을 위한 오케스트라 112개, 취학 전 단계의 어린이 오케스트라 83개, 어린이 오케스트라 156개, 청소년 오케스트라 145개가 활동하고 있다. 악기를 쥘 수만 있으면 두 살짜리 아이도 무료로 배울 수 있고, 한두 개의 음계를 익힌 아이들은 자기보다 어린 학생들을 가르치며 동료끼리 서로 돕고 사랑하며 격려한다.

음악적 개성을 존중하는 엘 시스테마의 정신에 따라, 오케스트라에도 각 지역마다 고유한 음악적 색채가 살아 있다. 가령 평원 지대에서는 태평하고 개방적인 기질에 맞게 소리가 열려 있으며, 내성적인 안데스 산지에서는 음악이 고요하고, 넓은 해안과 태양이 있는 동부 지역에서는 소리가 아주 따뜻하다.

가이자 지휘자인 카를로스 차베스에게 오케스트라를 이끌어 달라고 부탁했다. 그리고 자신은 지휘자의 자리에서 물러나, 온갖 궂은일을 도맡아 하며 오케스트라를 뒷바라지했다.

오케스트라 안에서 성장해 나가는 아이들

호세 아브레우는 더 많은 청소년 오케스트라를 만들기 위해 주지사들과 장관들을 찾아다녔고, 단원들은 어린이와 청소년들에게 음악을 가르치기 위해 전국을 돌아다녔다. 마약에 취해 길바닥에 누워 있는 아이들을 찾아다니고, 학교에 다니지 못하고 집에서 일을 하는 가난한 아이들, 소년원에 있는 아이들에 이르기까지 미래를 포기한 아이들을 찾아다니며 트럼펫, 플루트, 바이올린을 주고 그 맑고 평화로운 소리를 들려주었다. 거리의 아이들은 차츰 마약과 총 대신 악기를 들고, 악기에서 나는 아름다운 소리에 귀를 기울였다. 이 아름다운 소리를 내는 악기와 함께 있으면 아이들은 스스로를 세상에 쓸모없는 존재 또는 치워져야 하는 짐덩어리가 아닌, 소중하고 아름다운 존재로 여겼다. 아브레우의 바람대로 아이들은 하루 4시간씩 6주 동안 함께 악기를 배우며 자신의 슬픔이나 분노, 고통과 환희, 열정 등을 음악으로 표현하면서 오케스트라 안에서 성장해 나갔다. 노력한 만큼 연주 실력이 느는 것을 보면서 땀의 가치를 깨달았고, 함께 연주하기 위해 친구

❾ 소년원 오케스트라
엘 시스테마 덕분에 소년원에도 오케스트라가 생겨, 많은 아이들이 음악을 배우고 새로운 삶을 살게 되었다. 철창 속의 차갑고 낯선 날들이 아름다운 악기 소리 덕분에 즐겁고 따뜻하게 바뀌면서 아이들도 변해 갔다. 아이들은 친구들과 함께 좋은 소리를 내기 위해 힘들고 지루한 악기 연주 연습을 견뎌 내며, 규율을 익히고, 땀과 노력의 가치를 배우며, 인간으로서 성숙해졌다. 엘 시스테마는 아이들에게 자랑스러운 '새로운 가족'이었다.

들의 악기 소리에 귀를 기울이고 악보를 넘겨 주며 서로 존중하는 법과 협동하는 법을 배워 나갔다. 엘 시스테마 지지자들의 말처럼, 음악은 그들에게 '숨 쉴 수 있는 공기'이고, '서로를 이어 주는 골목'이었다.

　　엘 시스테마 오케스트라 단원들은 작품 해석과 악기 연주 등의 음악 교육을 받고, 2년 동안 약 60회의 공연을 치르며 청중과 소통하는 즐거움을 누리고 연주를 삶의 일부로 자연스럽게 받아들였다. 그리고 엘 시스테마에서 배운 아이들이 자라 교사가 되어 다음 세대에게 음악을 가르치기 시작했다. 엘 시스테마는 베네수엘라 구석구석까지 퍼져 나가 5백여 개(2010년 기준)의 어린이·청소년 오케스트라를 탄생시켰고, 장애인을 위한 음악 학교와 악기를 만드는 학교 등 다양한 음악 학교도 세웠다. 엘 시스테마를 통해 아이들은 자신을 소중히 여기고 자신이 속한 사회를 자랑스럽게 여기게 되었다.

베네수엘라를 넘어 세계를 변화시킨 오케스트라

　　2003년, 엘 시스테마는 국가의 지원 아래 더 많은 아이들이 악기를 배우고 오케스트라에 참여할 수 있도록 학교의 정규 수업 과정에 편성되었다. 나아가 모든 학교에 어린이 오케스트라가

⑩ **하얀손 수화 합창단**
1995년에 베네수엘라 최초로 장애가 있는 어린이와 청소년을 위한 엘 시스테마 음악 교육 프로그램이 도입되었고, 4년 뒤에 수화 합창단이 만들어졌다. 크게 두 팀으로 나뉘어 수화와 목소리로 노래한다. 잘 움직이지 못하거나 인지 장애 등이 있는 아이들이 소리 내어 노래를 부르면, 듣지 못하거나 말 못 하는 아이들이 하얀 장갑을 낀 손으로 수화를 하며 함께 노래한다. 하얀 장갑을 끼었다고 해서 '마노스 블랑카스(하얀 손)' 수화 합창단이라고 한다. 눈이 보이지 않는 아이들은 친구들에게 몸으로 신호를 받고, 귀가 들리지 않는 아이들은 눈으로 지휘를 보고 몸으로 진동을 느끼며 함께 하모니를 이룬다.

의무적으로 만들어졌고, 베네수엘라 헌법에 '모든 국민에게는 음악을 배울 권리가 있다.'는 조항이 만들어졌다. 세계에서 범죄율이 가장 높았던 베네수엘라의 수도 카라카스의 빈민가에서 시작된 음악 혁명이 마침내 베네수엘라 공교육과 사회 프로그램으로 자리 잡은 것이다.

엘 시스테마는 음악을 통한 사회 변혁 교육 운동으로 베네수엘라를 넘어 세계적으로 퍼져 나가고 있다. 첫 오케스트라를 만든 지 7년 만인 1982년, 아르헨티나, 볼리비아, 브라질 등 아메리카 대륙 20여 개 국가에 어린이·청소년 오케스트라 시스템이 만들어졌고(한국에는 2011년에 도입), 클래식 음악의 본고장인 유럽으로도 확산되었다. 이를 중심으로 어린이와 청소년에게 꿈과 도전 정신을 심어 주는 집단적이고 창의적인 음악 교육이 세계 곳곳에 뿌리내리고 있다. 또한 사이먼 래틀, 클라우디오 아바도, 플라시도 도밍고 등 세계적인 거장들의 열정적인 지지 속에 이 아름다운 음악 혁명은 더 많은 나라의 더 많은 이들 속으로 퍼져 나가고 있다.

베를린 필하모닉 오케스트라의 수석 지휘자인 사이먼 래틀은 '모두가 이웃을 돕고 열네 살 아이가 열한 살 아이를, 열한 살 아이가 여덟 살 아이를 가르치는 엘 시스테마'는 음악에 관계된 문제일 뿐 아니라 더 넓게는 사회 운동이라고 생각한다. 이 프로그램은 많은 사람을 구했고, 앞으로도 계속 더 많은 이들을 구할 것이라고 말했다. 그리고 "엘 시스테마는 사람들에게 의사소통의

⓫ 구스타보 두다멜(LA 필하모닉 오케스트라 지휘자)
엘 시스테마가 낳은 세계적인 지휘자. 어린 시절에는 값비싼 악기는 구경조차 할 수 없을 만큼 가난했지만, 스물여덟 살의 나이에 미국 로스엔젤레스 필하모닉 오케스트라의 상임 지휘자가 되며 세계 음악계에 혜성처럼 나타났다. 세계적인 거장의 반열에 올라선 지금도 자신의 음악적 고향인 시몬 볼리바르 청소년 오케스트라에서 지휘하며 자신처럼 꿈을 간직한 소년들을 이끌고 아름다운 혁명의 꿈을 연주한다.

⓬ 엘 시스테마 음악 교육 프로그램
엘 시스테마의 음악 교육은 함께하는 교육이며, 연주와 연습을 병행하는 교육이다. 혼자서 배우는 방식은 사람을 고립시키고 좌절시킨다고 보았다. 그리고 오케스트라 연습을 기본으로 하고, 좋아하는 악기나 음악으로 연습해서 청중들 앞에서 연주함으로써 청중과 소통하며 즐겁게 배운다는 것이다. 어린이용으로 만든 쉬운 버전부터 연주하기 시작하여 점차 더 어려운 곡에 도전하는데, 악기 대신 몸으로 리듬을 익히는 2~4세 유아 오케스트라부터 5~6세의 취학 전 어린이 오케스트라, 7~15세 어린이 오케스트라, 15~22세 청소년 오케스트라, 22세 이후의 프로페셔널 오케스트라까지 단계적으로 구성되어 있다.

다른 수단, 세계를 이해하는 방법, 행복의 다른 형태를 보여 줍니다. 오늘날 우리에게는 인류를 구원하기 위한 예술, 모든 종류의 예술이 필요하다고 생각합니다."라고 했다. 엘 시스테마가 세계에 알려질 수 있도록 힘을 쏟았던 세계적인 지휘자 클라우디오 아바도도 "가난한 지역, 하루하루가 생존 투쟁과 같은 가정에서 태어난 아이들과 함께 일하고, 그들이 악기를 배우고 가질 수 있는 기회를 제공하며, 문화를 익히고, 정상적인 일상생활을 할 수 있게 돕는 일은 전 세계에 본보기가 될 것"이라며 엘 시스테마를 적극 지지했다.

이 엄청난 일을 이끌어 온 엘 시스테마 재단 본부에는 지금도 변변한 사무실조차 없이 묵묵히 일하는 호세 아브레우가 있다. 엘 시스테마는 재단 총재인 아브레우를 중심으로 "연주하라, 그리고 싸워라!"는 슬로건 아래 음악을 연주하며 자신과 싸우고 더 나은 세상을 위해 예술로 싸운다는 정신으로 꿈을 향해 힘차게 나아가고 있다.